AF554724

[illegible], d'après une note manuscrite
sur l'exemplaire de la collection Labédoyère.)

NOUVEL ÉLYSÉE,

OU

PROJET DE MONUMENT

A LA MÉMOIRE

DE LOUIS XVI

ET DES PLUS ILLUSTRES

VICTIMES DE LA RÉVOLUTION.

. . . . *Manibus date lilia plenis.*

VIRG.

PARIS,

J. G. DENTU, IMPRIMEUR-LIBRAIRE,

Rue du Pont de Lodi, n° 3, près le Pont Neuf;

Et au Palais-Royal, galeries de bois, n°s 265 et 266.

1814.

AVERTISSEMENT.

Je propose, dans cet opuscule, d'élever un monument à d'augustes manes. J'indique la place qu'il doit occuper : j'en trace, pour ainsi dire, le plan et les formes.

En perpétuant ainsi le témoignage de ses regrets, en rendant un culte public au saint monarque, injustement immolé, la nation française s'honorerait aux yeux de tous les peuples. Il est temps qu'elle reprenne, avec son rang parmi les autres nations, ses titres à leur estime. Sa bravoure, ses hauts faits d'armes lui en donnent de certains à leur admiration.

Ah! si tous les Français eussent été, comme moi, témoins du sentiment d'indignation, d'horreur, qu'éprouvèrent les étrangers à la nouvelle de l'affreuse catastrophe du 21 janvier 1793!... Toute illusion favorable à la France fut détruite en un jour. Les partisans de notre révolution gardèrent le silence. Partout où se présentait un Français, on eût dit qu'il portait empreint sur son front le mot *Régicide :* on s'éloignait en détournant les yeux. —Détestable forfait! aussi impolitique qu'il était inutile au succès de la faction qui voulait établir la république en France...

Le monument dont j'offre ici une simple esquisse, ne serait pas seulement expiatoire; son principal objet serait de rappeler éternellement au peuple, les déplorables erreurs, les désastres dans lesquels l'entraînèrent souvent de hardis novateurs, d'adroits ambitieux.

Je fais hommage de cet opuscule au noble et fier écrivain qui, tout récemment, a peint avec tant de verve et de vérité, *Buonaparte et les Bourbons*, ou plutôt la bassesse et l'honneur, le crime et la vertu.

NOUVEL ÉLYSÉE.

La nuit de ce jour mémorable, où, après un exil de vingt années, un Bourbon est venu se replacer sur le trône de ses pères, je parcourais les rues de la capitale. Un peuple ivre de joie y faisait entendre de toutes parts ses bruyantes acclamations, ses chants d'allégresse ; et je partageais ses transports.

Français, m'écriai-je, que j'aime à vous retrouver tels que je vous vis autrefois, bons, généreux, sensibles ! Puissiez-vous reprendre et conserver toujours ce dévoûment, cet amour pour vos anciens rois, dont vous donnez aujourd'hui de si éclatans témoignages ! Mais n'oubliez pas qu'avec le même enthousiasme vous avez plus d'une fois accueilli des hommes qui ont fait le malheur de la patrie : défiez-vous de votre caractère mobile, avide de nouveautés ; craignez sur-tout..... et alors des souvenirs pénibles vinrent m'assaillir : le passé se présenta à mon esprit dans une longue suite de lugubres tableaux.

Bien différent de ce peuple insouciant, et

que la réflexion fatigue, je songeais aux moyens de consolider ce bonheur, qu'il nous est du moins permis d'espérer. De nouveaux orages peuvent encore troubler le beau jour dont nous entrevoyons l'aurore, me disais-je; que devons-nous faire pour les éloigner, pour mettre à l'abri de la tempête et nous et nos enfans? Ne jamais oublier la cause de nos malheurs.

Mais presque toujours les leçons de l'histoire sont perdues pour les peuples comme les fautes des pères pour les enfans. A diverses époques, de terribles révolutions dans les empires, sont amenées par les mêmes causes,

De toutes ces causes, la plus énergique est un désir vague de liberté, qui se fait sentir périodiquement aux peuples : les autres ne sont guères que des prétextes. Est-ce pour avoir levé illégalement quelques impôts ou pour avoir tenté, comme on l'en accusait faussement, de rétablir le Papisme en Angleterre, que Charles Ier périt sur un échafaud? Non : les anciens ressorts du gouvernement étaient relâchés; des ambitieux voulaient un changement, le peuple voulait être libre.

Lorsque, 144 ans après, le meilleur des rois périt en France de la même mort, au milieu d'un peuple dont il avait été l'idole ; comment parvint-on à étouffer le cri de la pitié ? par un mot encore : on proclama que le sacrifice était nécessaire pour l'établissement de la *liberté publique*.

Dans l'un et l'autre pays le même attentat eut des suites à-peu-près semblables. Là comme ici, le peuple fatigué de l'exercice d'une prétendue souveraineté qui ne lui imposait que des devoirs et ne lui procurait point ce repos, ce bien-être tant promis, le peuple abdiqua tacitement ; ou plutôt il remit sa puissance à des ambitieux qui en abusèrent. Mais, en Angleterre, le tyran qui s'éleva seul sur les ruines des autres tyrans populaires, gouverna avec plus de modération que ne l'a fait l'artificieux étranger qui s'était emparé du trône des Français : c'est que la mer qui sépare l'Angleterre des autres états, mit aussi une borne à l'ambition du *Protecteur*. Placez Cromwel sur le continent, à la tête d'une armée nombreuse, formidable ; comme le tyran des Français il eût envahi les états voisins, essayé de soumettre les puissances dont il aurait éprouvé des mépris ; comme lui, il eût voulu conquérir l'Europe, le monde.....

Quoi ! l'on se contentera toujours de confier

à d'obscures chroniques, de répéter dans des histoires qui ne sont connues que des hommes instruits, c'est-à-dire du petit nombre, le récit de ces grandes catastrophes qui entraînent la ruine des états et plongent les peuples dans des abîmes de malheurs !..... ah ! plutôt cherchons, trouvons les moyens d'en placer sans cesse le tableau sous les yeux de la multitude : qu'elle voie dans tous ses détails, dans toute son horreur, l'histoire des révolutions ; qu'elle y acquière la preuve qu'elle n'est toujours qu'un instrument dans les mains de l'ambitieux : enfin, que le ciseau du sculpteur, ou les pinceaux du peintre suppléent, en faveur du peuple, à l'insuffisance de l'histoire. Qu'ils lui représentent, dans un langage qui est entendu de l'ignorant comme du savant, les égaremens des peuples, leurs tristes erreurs.

On n'élève par-tout que des monumens de gloire : il en faut, selon moi, de repentir et de regrets. Ils ne rappellent aujourd'hui que de grands succès, des conquêtes : qu'ils révêlent aussi des fautes, des malheurs. C'est alors qu'ils mériteront leur nom *monimenta* (1);

(1) Quelques auteurs prétendent que le mot *monumentum* dérive de *monere*, avertir : et cela est très-vraisemblable.

ils offriront au peuple des leçons, des conseils qu'il n'irait point chercher dans les livres.

L'habitant des villes passe aujourd'hui près des plus magnifiques monumens avec indifférence, sans même y jeter les yeux, si ce n'est quelquefois pour admirer le talent de l'artiste. Mais en effet, que lui importe de revoir cent fois ces casques, ces épées brisées, enfin ces trophées de guerres et de destruction? Que lui importent ces figures de nations enchaînées? Saluera-t-il avec amour la statue d'un prétendu héros qui, pour dévaster vingt pays, appauvrit le sien, arracha les fils des bras de leurs mères, enleva l'utile laboureur à sa charrue? Que disent à son âme ces froides figures allégoriques de la gloire, de la victoire, et ces emblêmes dont il ne peut comprendre le sens, ni deviner l'objet!

Avec quelle religieuse attention, au contraire, les Parisiens, par exemple, ne s'arrêteraient-ils pas, au milieu de leurs promenades, dans leurs momens de loisir, sur le monument où ils trouveraient retracé dans tous ses détails quelqu'épisode du drame où leurs pères et souvent eux-mêmes ont figuré, de ce drame sanglant de la Révolution? Ils y verraient des révoltes sans but; des assassinats d'hommes justement honorés; des apothéoses de scélérats; des proscriptions de prêtres, de femmes, d'enfans; de honteuses bacchanales!... Ils y verraient aussi comment l'implacable providence punit toujours cette violation, cet oubli des lois éternelles de la justice et de la morale.

Mais, dira-t-on, ne sera-ce point déshonorer le peuple que de consacrer ainsi par des monumens publics, ses fautes, ses égaremens? Ne sera-ce point livrer non seulement à la honte, mais à la persécution, les chefs qui se sont placés à sa tête, qui l'ont poussé, excité au désordre, au crime, dans ces momens de trouble et d'erreurs; ces chefs dont les uns vivent encore au milieu de nous, dont les autres ont laissé des enfans qui ont besoin d'honneur ou du moins d'une réputation sans tache?

Crainte vaine! un peuple n'est point flétri, parce que dans quelques accès de délire et de folie, il se montra injuste et même cruel. L'aveu d'une faute la rachète et l'expie: la postérité comme le père de famille de l'Evangile, donnera la meilleure place à l'enfant qui s'est égaré, mais qui s'est repenti: elle saura que l'on n'arrive point, sans de rudes épreuves, à la vérité, à la vertu. Ce ne fut qu'après bien des naufrages qu'Ulisse aborda dans Ithaque.

Eh! d'ailleurs, tout près de ces annales que l'on croirait à tort infamantes, de ces monumens de nos erreurs, de nos excès, s'éleveraient ceux de notre courage et de nos vertus. Est-elle donc absolument sans gloire pour nous cette époque où nous semblions guidés par le génie de la cruauté et de la folie? Des traits innombrables de piété filiale, de tendresse conjugale, de la plus éclatante franchise et générosité, compensent, rachètent en quelque sorte, les crimes d'un petit nombre de frénétiques, et prouvent assez que, même alors, la nation française n'avait point perdu sa loyauté, qu'elle conservait ce caractère honorable qui, dans tous les tems, l'a fait estimer des nations les plus intéressées à la déprécier, à la haïr. Le but était noble et beau; nous nous trompâmes sur les moyens d'y parvenir. Nous tendions vers une perfection idéale; une fausse lueur nous précipita dans l'abîme. Quel serait, au reste, le peuple qui, devant un tribunal équitable, aurait droit de nous reprocher nos égaremens? Tous les peuples, à leur tour, ont failli plus ou moins. Aux reproches de tous les peuples de l'Europe, nous pourrions répondre, les feuilles de l'histoire à la main.

Quant aux fauteurs des épouvantables désordres qui ont souillé, chez nous, la période révolutionnaire, ils doivent être regardés comme absous et par les malheurs qu'eux-mêmes ont éprouvés, par les regrets qu'ils ressentent. et surtout par le pardon de leurs victimes. Qu'ont-ils à craindre eux ou leurs fils! Les monumens qui retraceront leurs fautes, tairont leurs noms. Ces noms ne seront consignés que dans l'histoire d'où il n'est donné à aucune puissance humaine de les effacer. Mais ne voyons-nous pas, au reste, que les forfaits qui ont pour cause des opinions politiques, ne flétrissent point dans la postérité, les descendans de ceux qui s'en rendirent coupables! La Cour des rois français était formée de gentils-hommes dont les pères avaient conspiré contre leurs souverains. Les Biron étaient-ils moins honorés parce que l'un d'eux avait autrefois péri sur l'échafaud, convaincu d'un complot odieux contre un roi qui l'avait comblé de bienfaits, un roi qui a mérité de devenir le modèle de quiconque est assis sur un trône? Et nos rois mêmes ne comptaient-ils pas parmi leurs ancêtres, des princes qui, pour abattre leurs ennemis, ou pour de grands desseins politiques, ont cru devoir recourir à des moyens que réprouvent la morale et la religion? Citerai-je les empoisonnemens, les assassinats ordonnés par Louis XI; les massacres de la Saint-Barthélemi préparés par Catherine de Médicis; l'assassinat du duc et du cardinal de Guise par les ordres de Henri III; tant d'autres grands attentats que les contemporains n'appellent, à la Cour, que des *mesures politiques*, mais auxquels l'histoire et la postérité restituent, dans la suite, leur véritable nom?

Telles étaient les méditations auxquelles je m'abandonnais, lorsque j'arrivai sur cette vaste place où s'élevait autrefois la statue équestre de l'un de nos derniers rois (1); lieu célèbre, théâtre de grands évènemens. Un des plus extraordinaires, sans doute, s'est passé il y a quelques jours sous nos yeux. Un empereur du Nord, le plus magnanime des empereurs, y rendait graces au ciel, au milieu de sa brave armée, d'avoir pu rendre la

(1) La place Louis XV.

paix au monde, et à la France ses rois. On le disait armé pour la vengeance, et il parut comme un envoyé céleste, une branche d'olivier à la main, n'ayant à la bouche que des mots de bienveillance et d'amour. L'autel où le Magnanime s'agenouilla, était élevé tout près de la place où le sang d'un roi-martyr avait coulé..... Ce rapprochement, ce souvenir jeta le trouble dans mon ame..... Ah! par quel triste monument, m'écriai-je, marquerons-nous la place où le juste a été immolé! Qu'une pierre noire, sans aucun ornement, sans inscription, indique seule le lieu funeste : et si nous croyons devoir élever au-dessus, quelque statue, que ce soit celle de la France, qui pleure et qui prie!...

Tout semblait conspirer à augmenter la tristesse qui m'obsédait : la fête finissait : ces milliers de feux dont l'extérieur des édifices était éclairé, s'éteignaient l'un après l'autre. La foule s'était dissipée ; le silence était profond. La fin d'une fête ressemble à celle de la vie humaine : alors chaque instant voit décliner notre esprit, diminuer nos forces ; les amis s'éloignent ; la dernière flamme de la vie disparaît.

Plein des souvenirs mélancoliques qu'avait réveillés en moi l'aspect d'un lieu souillé par la mort d'un innocent, je voulus, du moins rendre hommage à sa cendre; et je m'acheminais vers une enceinte voisine, où je savais que ses restes avaient été indignement jetés après le supplice (1).

Là même, un temple est commencé : il rappellera par sa forme et son étendue les magnifiques temples du soleil à Héliopolis, de Minerve à Athènes. Il doit être consacré à *la gloire des armées*.

C'est sans doute une destination grande et belle. Qui mérita mieux que nos guerriers, l'admiration de leurs contemporains et de la postérité! La cause pour laquelle ils sacrifiaient leur sang était, il est vrai, injuste : ils combattaient pour l'esclavage du monde. En montrèrent-ils moins de courage? Leur devoir était d'obéir; ils n'avaient point à délibérer sur les motifs des guerres.

Mais ce monument qu'on prépare à leur gloire, couvre une cendre sacrée. Sous ces colonnes qui déjà s'élèvent avec orgueil dans les airs, sont les restes d'un martyr, que la

(1) Le cimetière de la Madelaine.

Ici l'auteur larmoyant s'égare et se trompe d'emplacement. Il arrive à un endroit où une vaste construction est commencée elle rappelle . . . . Il ne saurait être ici question du cimetière de la Madelaine mais l'église alors en construction

voix publique qualifie de *Saint*, avant même que l'église lui en ait accordé le titre.

Eh bien ! que ce temple devienne une église où s'élèvera le tombeau du Saint Roi, où il sera honoré comme celui de ses ancêtres dont il portait le nom, et près duquel il est sans doute assis dans le séjour céleste.... Assez d'autres monumens diront la gloire de nos guerriers.

Ce serait là le premier de ces *monumens de repentir* que je voudrais opposer aux monumens de gloire, et que je crois utiles pour l'instruction des peuples.

Elevons en idée ce monument expiatoire.

Je conserverais le plan général du temple. Quelques modifications peu importantes dans les parties qui restent à construire, lui donneraient facilement le caractère auguste, triste, religieux qu'il doit offrir. Si, dans le nouveau plan, le fronton restait, on y placerait, au lieu de chars de triomphe, l'*apothéose d'un saint roi*.

Je conserverais sur-tout ce beau péristyle du temple, et aussi les beaux portiques formés par de hautes colonnes, qui doivent entourer la nef de toutes parts. C'est sous ces portiques que je placerais les bas-reliefs destinés à retracer de douloureux souvenirs. On y verrait sculptée sur les murs extérieurs de la nef, la trop longue histoire de nos troubles civils. Ces tableaux en marbre, passeraient à la postérité la plus reculée : nos enfans, en se promenant sous les portiques, pourraient y voir, y lire tous les jours les funestes évènemens de la période révolutionnaire ; ils y plaindraient leurs pères, et se promettraient bien d'être plus sages, plus prudens.

Ici l'infortuné Louis, se confiant dans la pûreté de ses intentions, ne desirant que le bonheur de son peuple, appellerait près de lui, l'élite de ses sujets, leur demanderait des conseils sur les moyens de les gouverner avec douceur et justice. Mais des ingrats, des pervers se sont glissés dans l'assemblée : ils étouffent la voix des sages. Dans leurs noirs projets il s'associent à la plus vile populace ; ils l'excitent à la révolte et au crime ; ils lui promettent le partage des biens, l'abolition de toute loi repressive....

Bientôt il n'y a plus de lois : les magistrats sont méprisés, insultés, égorgés; une affreuse licence usurpe le nom de liberté. Partout les plus dégoutantes orgies ; partout des emprisonnemens, des meurtres, des massacres; partout la mort.

Sans respect pour ses vertus publiques et privées, sans respect pour le nom sacré de Roi, sans respect même pour cette constitution sanctionnée par le vœu de la France entière, et qui assurait son inviolabilité, le meilleur des monarque est traîné dans une hideuse prison. Son épouse ; à qui on ne pouvait reprocher pas même l'apparence d'un crime ; sa fille, adolescente ; son fils bien aimé qui commençait la vie ; une sœur, le modèle de toutes les vertus, éprouvent le même sort !

Et bientôt.... Mais à Dieu ne plaise que l'on retrace jamais aux yeux des Français, le dernier acte de cette cruelle tragédie. Une lacune effrayante interromprait la série des tableaux. L'imagination du spectateur n'y suppléerait que trop bien ; il devinerait la scène que l'on a volontairement omise : Ses yeux du moins n'en verraient pas les horribles détails.

Que d'autres évènemens déplorables dans la suite de cette triste histoire ! Un lâche hippocrite, revêtu du manteau de la liberté, s'approche furtivement d'un trône qu'il trouve inoccupé : il jette bientôt le masque, et couvre sa tête d'une couronne encore sanglante. Il affecte d'abord des vertus; il promet au peuple avide de repos, une honorable paix. Et peu de temps après, il porte le fer et la flamme jusques dans les contrées les plus éloignées. Il ne connaît aucune loi, ne respecte aucune institution. Malheur à qui s'oppose à ses projets, à ses caprices! C'est par le bras des français qu'il se propose de ravager le monde.

Que lui importe de sacrifier des générations entières, pourvu qu'il accumule des sceptres, pourvu que son épouvantable nom retentisse comme le tonnerre, du midi jusqu'au nord..... Malheureure île qui l'as vomi sur le continent, tu pourrais être submergée sous les flots du sang qu'il a fait répandre!....

Mais pourquoi esquisser ici le sujet des tableaux qui couvriraient les murs de l'église consacrée au repentir? Lorsque le moment sera venu, assez d'historiens en traceront les programmes et enflammeront le génie des artistes chargés de les exécuter.

L'intérieur serait entièrement réservé pour les tombeaux des victimes les plus augustes de ces temps désastreux.

Dans le lieu le plus apparent de la nef, s'éléverait le tombeau du saint Roi. Sa statue le surmonterait. On le verrait s'élançant vers la demeure céleste; et une inscription rappellerait ces mots sublimes et prophétiques: *Fils de Saint Louis, montez au ciel!....*

Sur les murs environnans, on lirait les paroles les plus mémorables du Roi, et surtout cet admirable testament qui s'exhala de son cœur, comme le dernier soupir de l'innocence qui succombe : *Je déclare devant Dieu, et prêt à paraître devant lui, que je ne me reproche aucun des crimes qui sont avancés contre moi* (1).

Des deux côtés du tombeau seraient les cénotaphes de cette épouse qui se montra si grande, si résignée dans la plus affreuse adversité; de cette sœur, de cette Elisabeth dont l'église sanctifiera un jour le nom.

Aux pieds du père serait l'humble tombe de cet enfant, qui fut abattu comme le lys qu'a rencontré le soc du laboureur : *Veluti flos succisus aratro.*

Là, se verrait enfin le cénotaphe (s'il n'est pas possible de recueillir un jour ses os) de ce dernier rejeton d'une illustre famille, de ce duc d'Enghien immolé par l'usurpateur;

---

(1) *Voyez* le Testament de Louis XVI.

crime qui suffirait seul pour le flétrir à jamais dans la mémoire des hommes, si tant d'autres forfaits ne l'avaient déjà condamné à la célébrité des Tibère, des Caligula, des Néron, de tous les tyrans réunis.... O inexplicable providence! l'usurpateur vit, et Louis a été jugé par ses sujets, Louis a péri!

Je voudrais que des lampes brûlassent jour et nuit près de ces tombes augustes, dans ce séjour de deuil et de paix.

Je voudrais qu'au 21 janvier, anniversaire d'un jour si fatal à la France, un jeûne fût ordonné dans tout le Royaume. L'Angleterre nous a donné l'exemple; elle a aussi consacré par le jeûne et la prière, ses regrets de l'indigne condamnation de Charles Ier.

Enfin ce jour-là, on célébrerait près du saint tombeau une messe solennelle. Vous y viendriez pleurer, auguste fille de Louis, tandis qu'un orateur chrétien y rappellerait les vertus et les malheurs de votre père.

J'ai construit en idée le temple : je vais compléter le plan de mon *Élysée.*

Toute cette colline, au pied de laquelle on construit ce grand édifice, est presque entièrement aride et déserte : je la couvrirais d'arbres toujours verds. Le cèdre, le cyprès, les pins de toute espèce s'y éleveraient en pyramides ou projetteraient dans l'air leurs rameaux tristes et tombans, et formeraient, de l'un à l'autre, de funèbres guirlandes: à leurs pieds croîtraient des buissons, de buis, d'ifs, d'alaternes, d'arbousiers, de troënes, de chênes-verds d'Amérique.

C'est sous l'ombre de ces arbres, près de leurs troncs majestueux, que l'on pourrait placer ou les tombeaux ou les bustes d'une foule d'autres victimes qui n'appartenaient point à l'auguste famille, mais dont les unes ont péri pour sa défense, dont les autres étaient recommandables ou par de grands talens, ou par un noble caractère.

On y verrait votre tombe, savant et courageux Malesherbes, qui n'avez point balancé à sacrifier votre vie pour votre prince, ou plutôt votre ami ; vous, qui ne l'avez point quitté à ses derniers momens, qui vouliez adoucir ses peines, et qu'il eût besoin de consoler.

On y trouverait aussi votre image, malheureux Pie VI, vénérable pontife, à qui aucune humiliation, aucune amertume ne fut épargnée, parce que, pour l'intérêt de la religion, vous résistiez à des ordres impies.

Dans une enceinte plantée de lauriers, *inter odoratum lauri nemus*, serait la statue de ce brave Moreau, qui succomba si cruellement dans la lutte de la vertu et de la justice, contre le crime alors triomphant ; celle de ce Pichegru, son maître dans l'art de la guerre et son ami, si lâchement assassiné dans une prison......

Là serait aussi, comme dans l'autre Élysée décrit par Virgile, et les guerriers fidèles à l'honneur, et les prêtres chastes, et les poètes pieux, et tous ceux qui, dans la culture des beaux-arts, ont eu pour objet l'amélioration des mœurs publiques, le bonheur de l'espèce humaine :

Hic manus ob patriam pugnando vulnera passi ;
Quique sacerdotes casti, dum vita manebat :
Quique pii vates, et Phœbo digna locuti :
Inventas aut qui vitam excoluere per artes :
Quique sui memores alios fecere merendo.

Mais qui mieux que le digne successeur de Louis XVI, peut connaître et indiquer les ombres dignes d'errer dans cet *Élysée des victimes ?* Aucune tombe, aucune inscription n'y serait placée que par l'ordre de ce juste appréciateur des talens et des vertus.

Ma tâche est remplie : j'ai créé un nouvel Élysée ; je l'ai peuplé d'ombres augustes. Je laisse à mes contemporains le soin d'agrandir, de perfectionner un projet qui aura, j'en suis sûr, l'assentiment de toutes les ames sensibles et pures.

FIN.

www.ingramcontent.com/pod-product-compliance
Lightning Source LLC
LaVergne TN
LVHW010308230826
846091LV00007BB/2778

* 9 7 8 2 0 1 3 2 8 0 7 9 2 *